自然災害から人々を守る活動

監修
東京大学大学院情報学環
特任教授
片田敏孝

3

風水害

廣済堂あかつき

自然災害から人々を守る活動 3 風水害

目次

人々を守る活動

➡8ページ

➡12ページ

➡16ページ

➡20ページ

➡24ページ

この本の使い方

1 風水害について学ぶ

➡4〜7ページ

●過去にどこで、どんな風水害が起こっているかわかる。

●台風や大雨が起こるしくみがわかる。

●台風や大雨がどんな災害を引き起こすかわかる。

➡4〜5ページ

➡6〜7ページ

2 災害から人々を守る活動を知る

➡8〜27ページ

●災害が発生したとき、市区町村を中心に、どのようにさまざまな機関が協力するのかわかる。

●市区町村、自治会・町内会、ボランティアなどが行っている災害から人々を守る活動がわかる。

●小学生が防災活動に取り組むようすがわかる。

➡8〜9ページ

➡24〜25ページ

3 防災活動をやってみる

➡28〜33ページ、ワークシート

●「ふだんからできる風水害への備え」と「風水害が起こったときにできること・行うこと」がわかる。

●自助、共助、公助のちがいがわかる。

●「防災活動ワークシート」の使い方がわかる。

●マイ・タイムラインのつくりかたがわかる。

➡ワークシート

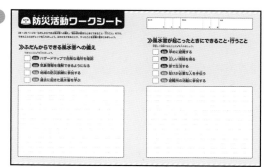

➡32〜33ページ

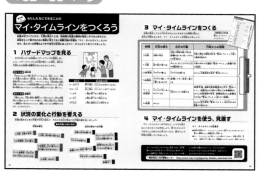

風水害の歴史

台風や大雨によって起こる災害を風水害といいます。大雨による河川のはんらんや土砂災害のほか、暴風、高波、高潮などによる海難事故や大火災なども発生しています。日本は、夏には梅雨があり、秋には台風の通り道となる、世界的に見ても雨の多い地域で、風水害がひんぱんに起こっています。

平成24年7月九州北部豪雨

2012年7月11日～14日

- ●土砂災害、洪水など(福岡県、熊本県、大分県、佐賀県)
- ●死者30人　●行方不明者3人　●負傷者34人
- ●こわれた住宅　276棟　●床上浸水　2574棟

梅雨の雨雲が次々と流れこみ、記録的な大雨が発生しました。九州北部で停電が5万戸以上、断水が1万戸以上発生し、橋はくずれ、農業や林業へ大きな被害が出ました。

くずれた第2山国川鉄橋(大分県中津市)。

はんらんした田川(栃木県宇都宮市)。

平成27年9月関東・東北豪雨

2015年9月7日～11日

- ●鬼怒川(栃木県、茨城県)と渋井川(宮城県)のはんらんなど
- ●死者8人　●負傷者　80人　●こわれた住宅　81棟
- ●床上浸水　2481棟

台風18号とその後の低気圧の影響で西日本から北日本にかけての広い範囲で大雨となりました。河川のはんらんで多くの人が家に取り残され、消防隊員らに救助されました。

平成30年7月豪雨

2018年6月28日～7月8日

- ●土砂災害、洪水など(広島県、岡山県、愛媛県)
- ●死者224人　●行方不明者8人　●負傷者　459人
- ●こわれた住宅　6758棟　●床上浸水　8567棟

梅雨の雨雲と台風7号による大雨により、西日本の広い範囲で記録的な大雨となりました。九州北部、四国、中国、近畿など多くの観測地点で史上第1位の降水量でした。

浸水後の家屋(広島県東広島市)。

日本で起こった台風・豪雨

気象庁では、大きな災害を起こした風水害に名前をつけて、その経験や教訓を後世に伝えようとしています。近年名前がつけられた台風や豪雨※について見てみましょう。

災害が起きた日	災害の名前	被害の内容	死者・行方不明者数
1890年9月16日	エルトゥールル号事件	オスマン帝国(トルコ)から派遣された軍艦エルトゥールル号が、紀州沖を航行中に台風に巻きこまれて遭難。	死者約500人
1947年9月14〜15日	カスリーン台風	秋雨前線の停滞とカスリーン台風により、利根川流域で山間部土砂災害と河川の洪水、はんらんが発生。	死者1100人
1954年9月24〜27日	洞爺丸台風	青函連絡船・洞爺丸の遭難、風害による岩内大火(北海道岩内町の大火)など。	死者1361人、行方不明者400人
1958年9月26〜28日	狩野川台風	狩野川(静岡県)のはんらん、土砂災害など。	死者888人、行方不明者381人
1959年9月15〜18日	宮古島台風	台風「サラ」。宮古島の7割の住家が損壊など。	死者47人、行方不明者52人
1959年9月26〜28日	伊勢湾台風	紀伊半島沿岸一帯と伊勢湾沿岸の高潮、強風、河川のはんらんなど。	死者4697人、行方不明者401人
1961年6月24日〜7月5日	昭和36年梅雨前線豪雨	伊那谷(長野県)のはんらん・土砂災害など。	死者302人、行方不明者55人
1961年9月15〜17日	第2室戸台風	四国東部、兵庫県、大阪府、和歌山県で暴風と高潮による被害など。	死者194人、行方不明者8人
1964年7月17〜20日	昭和39年7月山陰北陸豪雨	出雲市(島根県)の山・がけくずれなど。他に鳥取、石川、富山でがけくずれ、川のはんらん。	死者114人、行方不明者18人
1966年9月4〜6日	第2宮古島台風	台風「コラ」。宮古島の半数以上の住家が損壊など。	なし
1967年7月8〜9日	昭和42年7月豪雨	佐世保市(長崎県)・伊万里市(佐賀県)・呉市(広島県)・神戸市(兵庫県)の土砂くずれ・鉄砲水など。	死者351人、行方不明者18人
1968年9月22〜27日	第3宮古島台風	台風「デラ」。宮古島の3千戸近くの住家が損壊など。	死者11人
1972年7月3〜13日	昭和47年7月豪雨	上天草市(熊本県)、香美市(高知県)で土砂くずれ。青森・秋田で川のはんらん。愛知・岐阜・神奈川でがけくずれ、川のはんらんなど。	死者421人、行方不明者26人
1977年9月8〜10日	沖永良部台風	沖永良部島の半数の住家が全半壊など。	死者1人
1982年7月23〜25日	昭和57年7月豪雨	長崎市(長崎県)の都市水害など。	死者427人、行方不明者12人
1983年7月20〜29日	昭和58年7月豪雨	浜田市(島根県)の土砂災害・洪水など。	死者112人、行方不明者5人
1993年7月31日〜8月7日	平成5年8月豪雨	鹿児島市(鹿児島県)の土砂災害・洪水害など。	死者・行方不明者93人
2004年7月12〜14日	平成16年7月新潟・福島豪雨	新潟県中越地方、福島県会津地方で記録的な大雨、河川のはんらん。	死者16人
2004年7月17〜18日	平成16年7月福井豪雨	福井県の浸水害・土砂災害など。	死者4人、行方不明者1人
2006年7月15〜24日	平成18年7月豪雨	諏訪湖(長野県)周辺の土砂災害・浸水害、天竜川(長野県)長野県、鹿児島県を中心に九州山陰、近畿北陸地方の広い範囲大雨。	死者28人、行方不明者2人
2008年8月26〜31日	平成20年8月末豪雨	名古屋市・岡崎市(愛知県)の浸水害など。	死者2人
2009年7月19〜26日	平成21年7月中国・九州北部豪雨	九州北部、中国、四国地方で大雨。	死者36人
2011年7月27日〜30日	平成23年7月新潟・福島豪雨	五十嵐川・阿賀野川(新潟県)のはんらんなど。新潟県、福島県会津で記録的大雨。	死者4人、行方不明者2人
2012年7月11〜14日	平成24年7月九州北部豪雨	八女市(福岡県)・竹田市(大分県)の土砂災害・洪水、矢部川(福岡県)のはんらんなど。	死者30人、行方不明者3人
2014年7月30日〜8月26日	平成26年8月豪雨	近畿地方や北陸地方、東海地方を中心に、雷をともなって激しい雨が降った。広島県広島市で大規模な土砂災害。	死者89人
2015年9月7〜11日	平成27年9月関東・東北豪雨	「鬼怒川水害」と呼ばれ、鬼怒川(栃木県、茨城県)・渋井川(宮城県)のはんらんなど関東・東北で記録的大雨。	死者8人
2017年6月30日〜7月10日	平成29年7月九州北部豪雨	朝倉市・東峰村(福岡県)・日田市(大分県)の洪水害・土砂災害など。	死者39人、行方不明者4人
2018年6月28日〜7月8日	平成30年7月豪雨	「西日本豪雨」とも呼ばれている。広島県・愛媛県の土砂災害、倉敷市真備町(岡山県)の洪水害など、広域的な被害。	死者224人、行方不明者8人

※「災害史に学ぶ」(中央防災会議)に記録された風水害および大きな災害を起こした自然現象で、災害の経験や教訓を後世に伝承するために気象庁が名前を定めた風水害。

台風や大雨が起こるしくみと災害

台風や大雨などの自然現象はどのようにして起こるのでしょうか？　また台風や大雨は、いったいどんな災害を引き起こすのでしょうか。さまざまな災害のケースを見てみましょう。

台風や大雨が起こるしくみ

立っていられないほどの強い風がふき、たくさんの雨を降らせる台風や、目の前が白くけむるほどの大雨は、どのようにして起こるのでしょうか。

台風のしくみ

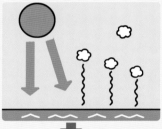

熱帯の海の上には強い太陽の光が降り注ぐ。そのため、海水が温められて水蒸気となって空に上っていく。これを上昇気流という。

上昇気流は反時計回りのうずを巻き始め、雲がつくられていく。そのとき、多くの熱を放出する。その熱がまわりの空気を温めていき、上昇気流は強まっていく。

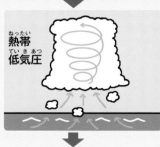

雲は回転しながら移動し、大きく育つ。これを熱帯低気圧という。

熱帯低気圧がさらに発達して、最大風速が毎秒17.2m以上となると「台風」と呼ばれる。

大雨のしくみ

たくさんの水をふくむ温かい空気が上昇気流となって空で集まり、積乱雲という雲がつくられる。雲の中では上空の冷たい空気に冷やされて氷のつぶがたくさんできる。

氷のつぶは上昇気流があるのでなかなか落ちない。しかし、つぶ同士がぶつかって合体しながら大きくなり、重くなると、下に落ちる。落ちながら氷がとけて、雨のつぶとなる。

強い上昇気流で積乱雲が大きく発達すると、雲にたまった氷のつぶが一気に落ちて大雨となる。積乱雲が次々とつくられ、雨がくり返されることで、大雨となることもある。

※大雨の発生のしかたにはいろいろなケースがあります。

台風や大雨による災害

台風や大雨が起こったとき、最初に「一次災害」、次に「二次災害」が起きます。災害の例を見て、風水害がどんな被害をひき起こすか見てみましょう。

台風や大雨によって起こる災害（一次災害）

浸水

大量の雨が建物の中まで流れこみ、水につかる。地下にある建物では避難が難しくなる場合もある。

川のはんらん、堤防の決壊

堤防よりも水位が上がると川の水があふれるはんらんとなる。川の水が堤防をこわす決壊によるはんらんもある。

強風で建物などがこわれる

強風で家などがこわれたり、電柱や木が折れたりする。空気が激しくうずを巻く竜巻が起こることもある。

高潮

強い風や気圧の変化で海面の高さが上がることを高潮という。海面より低い土地は高潮で海水が流れこみやすい。

一次災害をきっかけに起こる二次災害

地すべり

雨水のたまった地下水などの影響で、斜面が広い範囲にわたって下の方へゆっくり動く。

電気・ガス・水道が使えなくなる

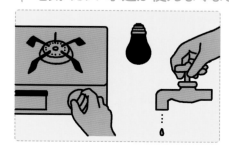

電気やガスの設備がこわれて供給がとだえる、水道管がこわれて水が使えなくなる、といったことがある。

がけくずれ

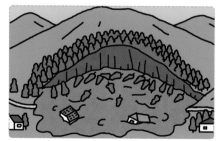

雨水が地面をやわらかくし、山などの急な斜面が突然くずれる。住宅地の近くで起こると、逃げおくれて亡くなる人が多い。

避難途中の事故

移動中に、強風で飛ばされたものに当たる、水や土石流に流されるなどの事故が起こることがある。

人々を守る活動 1

広島市役所

広島県は昔から何度も大雨が降り、風水害にみまわれてきました。市役所の職員は、大雨や台風が来る前にどのような対策を行い、災害時にはどのような活動をしているのでしょうか。

わかりました。これから確認します。

検討担当

統制・検討班 検討担当

○○区で川がはんらんしているという報告がありました。

統制 検討班 検討担当

消防、警察、自衛隊などの関係機関の職員も参加して行われている市役所の防災訓練。

場所

広島県

広島市

広島市役所

風水害が続く広島市

広島市は川の多い地形です。江戸時代以降、埋め立てにより土地を広げてきたため、地盤は強くありません。大雨により、がけくずれや、土砂くずれが何度も起き、川がはんらんしました。水害が起こった地域では水害碑を建てて、教訓として残しています。

2014年の豪雨では、大きな被害が出ました。市役所はこれをきっかけに防災の体制を強化しました。そこに2018年の「平成30年7月豪雨」が起きたのです。

キーワード

平成30年7月豪雨

2018（平成30）年6月28日〜7月8日にかけて、西日本を中心に集中豪雨となった。広島市でも川がはんらんし、線路や橋はこわれ、道路がくずれた。山から流れてきた土砂や、川の水が住宅地をおそい、被害にあった住宅2471棟、死者27人（うち災害関連死4人をふくむ）、行方不明者2人、負傷者30人を出した。

※被害については2019年12月25日時点

8

市役所と協力する さまざまな関係機関

市役所は国や県、消防、警察、病院、自衛隊などの関係機関や、ガスや電気、水道の会社、地元の企業などとも連絡をとりあって住民の救助や支援を進めていきます。住民は地域で協力しあい、自分たちの身を守ります。

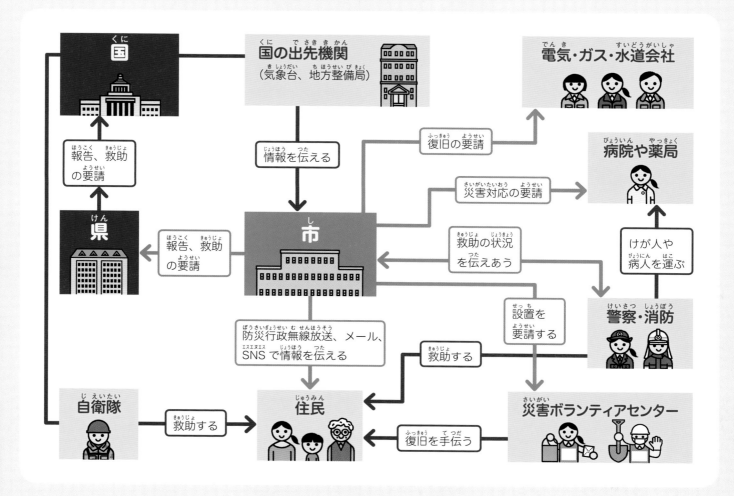

国

国の出先機関（気象台、地方整備局）

電気・ガス・水道会社

報告、救助の要請

情報を伝える

復旧の要請

病院や薬局

災害対応の要請

県

報告、救助の要請

市

救助の状況を伝えあう

けが人や病人を運ぶ

設置を要請する

警察・消防

防災行政無線放送、メール、SNS で情報を伝える

救助する

自衛隊

救助する

住民

復旧を手伝う

災害ボランティアセンター

災害から住民を守る 市役所の活動

2018 年 7 月 5 日の大雨警報を受けて、6 日には市役所内に市災害対策本部が設置され、市長や副市長、市役所の各局長などが集まり、本部員会議が開かれました。2014 年 8 月の豪雨をきっかけに設置された危機管理室を中心にすべての情報を集め、その情報をもとに市災害対策本部で市役所がすべきことを判断します。これによって、救助活動や市民への情報の提供などをすばやく行うことができました。

本部員会議のようす。災害状況の報告と今後の職員の動きについて指示が出される。

🔔 各部署ごとに活動する

災害が起こると市役所の職員は、地域の避難所にかけつけ、自主防災会の人々と協力して避難所をつくり、物資を配り、トイレが衛生的か確認します。

災害の緊急活動が落ち着くと、担当部署ごとに、災害からの復旧に関わります。税を担当している職員であれば、家を修理するための費用を市が負担するために、こわれた家の状況の調査のため市内を回ります。

ふだんは市民の健康のために保健指導をする保健師は家々をまわり、災害後の市民の健康について調査していきます。

安芸区では救護救援班として保健師が区内を歩いて回り、住民の話を聞き、情報の収集や生活のアドバイスをした。

🔔 避難情報をすばやく発信する

市内各地の災害発生の危険度が地図上で5段階に色分けされている「土砂災害警戒判定メッシュ情報」（気象庁）を確認している市の職員。この情報は住民に避難をうながすときの基準となる。

豪雨のときは、短時間で状況が一変することがあります。広島市役所では、気象情報を集め、分析し、住民に対して避難情報を発信しています。市は「防災情報共有システム」というコンピューターシステムを使って、雨量や水位を自動的に集計しています。このシステムは、市が避難情報を出すときの大きな判断材料になっています。災害の危険がせまったときは、防災行政無線で放送し、登録をした人に「防災情報メール」を配信します。

広島市役所内には災害対策本部専用の部屋がある。本部には情報収集のための電話とパソコン、大型モニターを備えてある。

防災行政無線を放送しているところ。屋外のスピーカーや地域防災リーダー（12ページ）の家などに設置されている屋内受信機から流れる。

≡ 広島市防災ポータル

小学校区の状況を検索

| English | 中文 | 한글 |
| Português | Español | Filipino |

🔔 緊急情報　　　　　　　　›
✏ お知らせ　　　　　　　　›
📢 広島市に発表中の気象情報　›
🚶 避難勧告等発令状況　　　　›
🏃 指定緊急避難場所・指定避難所 ›

「広島市防災ポータル」は、「防災情報共有システム」で集めた気象情報や市が発信する避難情報などを住民に公開するWEBサイト。

防災のまちづくり

広島市では市民の防災意識を高める「防災まちづくり事業」を進めています。市のWEBサイトで公開しているハザードマップ※1（防災マップ）を参考に、地域の人々が集まって話し合いながら「わがまち防災マップ」をつくる活動があります。このマップが2018年の豪雨で早めの避難に役立ったこともあり、今後も力を入れていく予定です。ほかにも防災士※2の養成講座や地域の防災訓練の支援、小学生を対象とした防災体験学習などを続けています。

※1 ハザードマップ：災害の危険性がある場所や避難場所を示した地図。
※2 防災士：防災の知識と技能を習得した人が試験や講習を受けて取得する全国共通の資格。
※3 避難場所：市区町村が定めた一時的に避難する公園や広場のこと。

自主防災会の人たちがつくった「わがまち防災マップ」。市街地で大型施設の多い基町地区は、避難場所※3などのポイントを示している。右は同じ場所の国土地理院の地図「電子国土Web」。

広島市消防局と警察が合同で行った防災訓練。土砂でくずれた家から住民を救出しているところ。

防災訓練で命を守る

災害が起こったとき、職員が活動できるように、市役所や市の施設には食料や水、簡易毛布などを備えています。災害時には多くの情報が一気に市役所によせられます。それにすばやく対応するための訓練が、消防や警察も参加し、定期的に行われています。

市役所は、市民にとってもっとも身近な公的機関です。災害が起こったときは、備えてきたすべての機能を十分に発揮して、人々の命を守る活動をします。

≫ひとりひとりの防災の意識が大切

広島市役所
危機管理室危機管理課　課長
児玉晃典さんのお話

市役所が避難情報を出しても、市民に避難してもらえなかったら命を守ることができません。広島市では、市民のみなさんが災害の危険性をふだんから意識し、「わがこと」として認識し、自主的に避難できるような取り組みを行うなど、災害に強いまちづくりを進めています。

自分の住む地域のハザードマップを見て「もし災害が起きたら、どこが危険になるのだろう」と考えてみましょう。家族や学校の先生、友だちと日ごろから災害について話すことも大切です。そして、危険が迫る前にまわりの人に声をかけ、早めの避難をしてください。

人々を守る活動2

自主防災会

広島市には住民が協力してまちの清掃や、祭り、住民同士の交流などさまざまな活動をする町内会が約1900あります。この町内会ごとに「自主防災会」がつくられ、防災活動をしています。

落合学区の防災訓練のようす。赤ちゃん連れの家族から高齢の人まで、いろいろな世代の約250人が参加した。

場所

広島市

安佐北区
三入小学校（24ページ）
佐伯区
安佐南区
落合小学校
西区
東区
安芸区
中区
南区

地域を守る自主防災会

広島市北部にある安佐北区の落合小学校の学区には6つの町内会があり、それぞれに自主防災会があります。この自主防災会が合同で年1回、防災訓練をしています。今回は豪雨と地震が発生し、落合小学校に避難所※を開設したという想定で行われました。

この活動を支え、自主防災会といっしょに活動する「地域防災リーダー」と呼ばれる人々は、防災士の資格をもつなど、防災の知識と技術をもっています。

キーワード

自主防災会

住民のそれぞれが「まちは自分たちで守る」という意識のもと生まれた町内会の組織。災害についての勉強会や防災訓練を行って、住民に防災の知識を広めている。広島市では「わがまち防災マップ」を自主防災会ごとに作成している。災害が起きたときには、避難の誘導や情報収集、人命救助などを行う。

12　※避難所：災害により自宅で生活できない人が避難する公共施設。

避難所ではまず受付

町内会長のよびかけのもと、住民が避難してきました。人々は体育館に入ると、自分の町内会の名簿に「名前、住所、人数」を記入します。受付を担当した地域防災リーダーの河野美加さんと娘の心優さん（小学5年生）は、やってきた人々を温かくむかえ入れ、名簿の書き方を教えます。心優さんは「いっぱい人が来たときは、とてもいそがしかったけど、声をかけて、うまく案内できたと思う」と話しました。

多くの人がどっと押しよせる時間帯があり、対応に追われた。

「避難カード」を声かけのきっかけに

この日の防災訓練で導入されたのが「避難カード」です。地域防災リーダーが事前に町内会の人に配布し、家で記入してきてもらいました。特徴は「声をかける人」と「声をかけられる人」を近所の人同士で決めて記入しておくことです。災害が起きたら、このカードに記されていた声をかける人が、声をかけられる人のところに行き、いっしょに避難するしくみです。

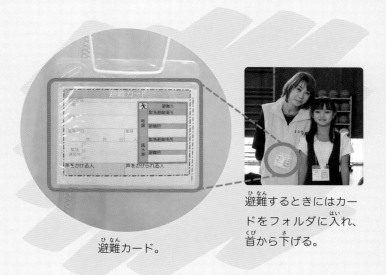

避難カード。

避難するときにはカードをフォルダに入れ、首から下げる。

防災の活動をするいろいろな組織

住民の避難が完了すると、地域の防災に関わる人々の紹介がありました。落合小学校、地域包括支援センター、消防署、消防団、広島市安佐北区役所地域起こし推進課、広島市防災士ネットワークの人たちです。

今回の防災訓練では、落合学区の自主防災会をとりまとめる連合会の会長、柳迫長三さんが、情報の収集と避難のタイミングが大切だと災害時の行動について講演し、「今日は声をかけあって、いざというときに助け合えるように顔見知りになってください」と話しました。

参加者は自助や共助についてあらためて知ることができた。

5つの防災訓練をグループごとに体験

講演に続いて、参加者は5つのグループに分かれました。体育館では応急手当の訓練と防災工作を、校庭では地震体験車と消火器訓練、防災備蓄倉庫の見学をします。5つの訓練を順番に楽しく体験できます。

訓練1 消防団員から教わる応急手当

消防団員の「人がたおれていたらどうしますか?」などの質問に参加者が「声をかける」「救急車を呼ぶ」などと答え、会話しながら緊急時の対応を学びました。

人形を使った心臓マッサージの練習では「ひとりで続けるのは大変なので、交代で行いましょう」と実践的なアドバイスもあった。

訓練2 身近なものでできる防災工作

市内各地の防災士と地域をこえて活動する広島市防災士ネットワークの人々がいっしょに防災工作を行いました。スリッパを新聞紙でつくった参加者からは「温かい」「折り紙ってすごいね」との声があがりました。

45リットルのゴミ袋を使った上着を着てみる。

新聞紙のスリッパ。

キッチンペーパーのマスク。

訓練3 消火器を使ってみよう

安佐北消防団落合分団による消火訓練。消火器は栓をぬき、ハンドルをにぎると18秒間薬剤が出ます。火元への薬剤のかけ方について消防団員から説明がありました。

訓練のため薬剤ではなく水の入った消火器を使用。小学生が「火事だー!」と大きな声を出しながら放水した。

訓練4 地震体験車でゆれを感じる

安佐北消防署による地震体験では、震度5弱と震度6弱の2種類のゆれを体験しました。震度5弱では「なるほど」と落ち着いていた参加者でも、震度6弱になると思わず「おーっ」とおどろきの声を上げていました。

トラックの中に部屋が設置されている地震体験車。

何かにつかまらないと、いられない大きなゆれ。

防災備蓄倉庫の中身を知る

防災備蓄倉庫の中の備蓄品が並べられました。参加者は道具を手にしたり、簡易トイレのテントを確認したり、携帯ラジオを使ってみたりしました。

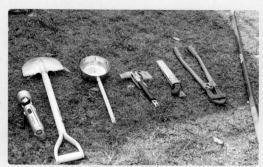

救助のときに使うスコップ、懐中電灯、バールなどの道具。

防災備蓄倉庫の中にあるものについて説明する職員。

自主防災会のふだんの活動

自主防災会は防災訓練以外にもさまざまな活動をしています。地域の小学校とのつながりが深く、防災学習の手伝いをすることもあります。落合小学校では、自主防災会の人が6年生の児童に向けて「こども防災士になろう」と題した講演会を行っています。

自主防災会の人々が集まって「わがまち防災マップ」をつくるときは、市のハザードマップを見ながら、実際に町内を歩きます。地域防災リーダーを先頭に「ここは危険なところだね」などと話しながら、町内を見てまわり、防災意識を高めます。

未来の広島市の防災活動を支える小学生に、災害の体験や防災の大切さを伝える。

安佐北区落合学区
自主防災会連合会
柳迫長三さんのお話

≫ 情報を読み取って行動しよう

落合学区は比較的安全な地域なので、防災意識は低い方でした。でも2014年の豪雨災害で市内が被災したこと、近年災害のニュースがふえていることを感じ、防災に真剣に取り組むようになりました。地域の防災で大切なことは、住民ひとりひとりが気象の情報をきちんと理解することです。雨の量、風の強さ、川の水位などの情報を知り、早めに避難行動に移せる人を増やすために活動しています。今では小中学生のほうが防災意識は高く、知識もあります。迫る危険に気づいたら「あぶないよ」「避難しよう」とまわりの人に伝えてほしいです。

広島市消防団

全国の自治体には消防団があり、火事や災害などが起こると現場にかけつけ、住民の安全を守る活動をしています。風水害のとき、広島市の消防団の人々はどのような活動をしたのでしょうか。

「平成30年7月豪雨」で土砂の片づけをする消防団員。広島市安芸区矢野東の災害現場では土砂や倒木が住宅地を飲みこみ、道路一面に広がっていた。

災害現場にかけつける消防団

近年広島市をおそった風水害「平成26年8月豪雨」と「平成30年7月豪雨」では多くの消防団員が活動をしました。

「平成30年7月豪雨」では、87日間にわたり、のべ7632人の消防団員が災害現場に向かい、住民の避難誘導や行方不明者の捜索といった人命を救う活動と、土砂の撤去などの復興を支援する活動、避難所の環境整備などを行いました。

キーワード

消防団

消防組織法という法律によって、すべての自治体に設置されている消防機関。活動する消防団員は、ほかに本業があり、火事や災害が起こると職場や自宅からかけつけて活動を行う。広島市では消防団が川のはんらんや洪水などの水害の対応もしているが、水害の防止や対応に重点を置いて活動する「水防団」を置いている地域もある。

「平成26年8月豪雨」での活動

　消防団員の水中さんは、8月20日の午前4時に召集がかかり、大雨と雷のなか、土砂災害の現場へ向かいました。途中から土砂で消防車が通れず、1km以上歩きました。たおれた建物の中から救助された人を救急車へ運ぶ補助をした後は、家のまわりの土砂を運んだり、消防隊と協力して安否確認を行ったりしました。

家のまわりの土砂をスコップでかき出し、「てみ」という道具に乗せて運ぶ消防団員。

> 　「平成26年8月豪雨」では、土砂災害や川の水があふれる危険な現場を目の当たりにし、消防団員の安全の意識が高まりました。現場へ向かうときは、全員が救命胴衣などの安全装備をしっかりして活動しています。
>
> **安佐北消防団員　水中理さん**

水辺の木についている漂流物の除去活動をしている消防団員。

「平成30年7月豪雨」での活動

　消防団員の濱田さんは7月6日の午後、消防車で河川の巡視と避難の呼びかけをしました。住宅への浸水を防ぐための土のう積みをしていた5時すぎに川がはんらんし、すぐに退避します。その後、消防署員と協力して、ゴムボートで人を搬送したり、まわり道の誘導をしたりといった活動を、交代で翌日の昼まで行いました。

> 　災害現場に向かう途中、住民に土砂の除去をたのまれましたが、緊急の救助要請があったため対応できず、心苦しかったです。それでも活動中や、災害が落ち着いた後に、地域の方々からたくさんの感謝の言葉をもらったことが印象に残っています。
>
> **安佐北消防団員　濱田末春さん**

災害現場へ向かう
消防団員。

女性消防団員の活動

二度の風水害で活動した消防団員の馬場さんは、避難所でトイレや床の清掃、消毒、段ボールのベッドの組み立て、弁当の配布などを行いました。また、避難所を運営する自主防災会の人々の話をよく聞き、必要な支援を考えながら活動しました。不安な生活が続く住民に寄りそうように心がけたそうです。

避難所の支援に行ったときに、地域の方々に「毎日来ていただけて、とても助かる」、「消防の制服（活動服）を見るとほっとする」と声をかけていただき、はげみになりました。

安佐北消防団員　馬場昭江さん

消防団員が段ボールのベッドを組み立てているようす。

「平成26年8月豪雨」の経験を生かして、「平成30年7月豪雨」の避難所では衛生面に気をつけたという。

消防署と消防団

消防署と消防団は同じ消防機関ですが、役割がちがいます。消防署の消防職員は、消防の仕事を専門としています。いっぽう、消防団員はふだん会社員や主婦、学生などをしていますが、災害時には消防団員となり活動します。その地域に住んでいるからこそ、また、働いているからこそ地域の情報にくわしく、それが災害のときに役立つのです。

広島市内には、8か所の消防署、32か所の出張所があり、タンク車、救急車、特殊災害対応自動車などを配備しています。消防団は8つあり、枝分かれして84の分団、約2600人が地域ごとに活動をしています。

消防団の装備

ヘルメット
頭部を守る。

ゴーグル
目を守るために使う。

救命胴衣
水に浮く機能をもったベスト。

手ぶくろ
切れにくい素材で手を守る。

てみ
土砂を運ぶときに使う。

土のう
土の入ったふくろ。堤防や住宅の入り口などに並べて浸水を防ぐ。

スコップ
砂などをかき出すときに使う。

広島市で活躍する消防団

広島市消防団は、市内に8つある区ごとに設置されています。消防車や活動に必要な道具が置かれ、消防団員が集合する「消防団車庫」は151か所あります。

消防団員は、ふだんはスーツ姿の会社員や、魚屋さんなどの自営業者、保育所の先生、看護師、大学生など実にさまざまです。

市内に住んでいる、または通勤、通学している18歳以上の人であれば消防団に入団できます。いつ災害が起きても対応できるように、年間を通して訓練に参加するほか、防災の活動もしています。

広島市消防団の活動

活動1 火災や災害

火災が起きたときは、職場や自宅から現場にかけつけて、消防職員と連携して消火活動にあたります。

台風や大雨などがあらかじめ予想されている場合は、消防団車庫に待機して、備えます。災害が発生した場合には、救助の補助や土砂のかき出し、避難所の支援など、地域をよく知っているからこそできる活動をします。

火災の現場では、消防職員とともに最前線で消火活動をする。

活動2 災害に備えた訓練

災害が起きたらすぐ活動できるように、風水害に備える「水防訓練」や「総合防災訓練」に参加します。また、消防署と合同で行う「消防訓練」で、専門的な知識や技術をみがきます。

「水防訓練」に参加している消防団員。ふくろに土をつめて、土のうをつくる。土のうを整然と積み上げるには経験と技術が必要。

活動3 防災活動

自主防災会が作る「わがまち防災マップ」の作成の支援、小学校などで消火や応急手当の指導のほか、地域の防災訓練などに参加しています。また、防火訪問で地域の人々に火災予防を呼びかけたり、防災のイベントなどの場で、劇や紙しばいをして、災害への備えの大切さを分かりやすく伝えています。

自主防災会の防災訓練で行われた応急手当の講習。

人々を守る活動４

災害ボランティア

住民が１日でも早く元の生活にもどれるよう手伝う「災害ボランティア」。広島市の風水害では、広島市・区社会福祉協議会が中心となり災害ボランティアセンターを開設し、多くの人が活動しました。

南区似島町で災害ボランティアが家のまわりや道路などの土砂かきをしているようす。機械が入れないところでは人が土砂をかき出す。

全国から集まった災害ボランティア

　広島市社会福祉協議会の中にあるボランティアセンターでは、ふだんからボランティアをしたい人とボランティアをしてほしい人をつなぐ活動をしています。
　広島市では「平成 26 年 8 月豪雨」、「平成 30 年 7 月豪雨」と続けて大きな風水害にあいました。このときは「災害ボランティアセンター」が開設され、北海道から九州まで全国各地から 3 〜 4 万人のボランティアがかけつけました。

キーワード

ボランティア

　ボランティアとは、社会のために、自分のできることや得意なことを生かして活動することや、活動する人のことをいう。災害ボランティアは、被災地がボランティアを求めている場合に活動する。自分の身の安全を守れるかどうかを判断してから参加することが大切。現地では災害にあった人々によりそいながら、地域の人と協力し活動する。

ボランティアは 復旧期に活躍

災害が発生した直後は住民の救助や安否確認などが最優先となります。このとき、社会福祉協議会では、災害ボランティアセンターの開設準備をします。復旧のための助けが必要とわかると、ボランティアを募集します。

災害発生！

緊急時（72時間）	→	復旧期	→	復興期
ボランティアセンターの開設準備、情報収集。		ボランティアセンターを開設、ボランティアを募集、ボランティア活動。		ボランティアの活動が減り、地域の人々が中心となって生活を立て直す。

↑ **ボランティアの力がもっとも必要な時期**

災害ボランティアセンターの開設

「平成30年7月豪雨」では、災害発生直後から、広島市社会福祉協議会に災害ボランティア本部が開設され、情報収集を始めました。続いて市内の各区の災害ボランティアセンター、さらに被害の大きい地域に近い場所に「サテライト」という地域事務所が開かれ、ニーズに合わせてすみやかにボランティアの人々を現地に送り出しました。

災害ボランティア本部では、電話の問い合わせへの対応などをしている。

災害ボランティアの手続き

災害ボランティアセンターに、多くの人が集まってきました。人であふれて混乱が起こらないように、まず受付を行い、ボランティアの登録、保険の加入の手続きをします。次に職員が活動場所や時間、作業の流れを説明し、スコップなどの道具をわたします。こういった手続きをすることで、スムーズに活動ができます。災害ボランティアセンターで登録した人が行くことで、被災した人も安心してボランティアを受け入れることができます。

災害ボランティアにかけつけた人はまず受付をする。

災害ボランティアの活動

「平成30年7月豪雨」では、住宅地に倒木、土砂が流れこんできていました。ボランティアの人々はマスク、日よけの帽子、長靴などの安全な装備をして、活動を開始します。機械が入れない路地や家のまわりなどの土砂をかき出し、泥をかぶり使えなくなった家具や家電などの災害ごみを家の外に運びました。

真夏の作業だったので、ボランティア自身も健康管理に気をつけ、熱中症などで体調をくずさないよう、短い時間の作業となりました。

猛烈な暑さのなかで活動するので、意識して、こまめに休憩をとる。

注意事項を書くボランティア。手書きメッセージのやりとりがたくさんあった。

これからの災害にそなえた活動

広島市社会福祉協議会では、災害ボランティア活動や防災についてもっと多くの人に知ってもらうために、ワッペン、ビブス、パンフレットなどをつくっています。

豪雨災害を受けて、新たに災害ボランティア用の倉庫を設置しました。倉庫には災害がおきたときに必要となるスコップや土のうぶくろ、手押車などが入っていて、災害にいち早く対応できる体制づくりを行っています。

災害ボランティア活動や防災について知ることができるパンフレット。

ボランティアが胸にはるワッペン。災害ボランティアセンターで手続きをした人だと、ひとめでわかる。

豪雨災害に寄せられた支援金で設置した災害ボランティア活動用の倉庫。

社会福祉協議会やボランティアセンターの職員であることを示すビブス。

よりよい活動のための話し合い

広島市には災害ボランティアに関わる人たちが集まる「広島市災害ボランティア活動連絡調整会議」があります。参加しているのは社会福祉協議会のほか、市役所、日本赤十字社、青年会議所、ボーイスカウトなどたくさんの団体です。災害ボランティア活動が終わった後にシンポジウムを開き、災害の状況やボランティア活動のようすを伝えあいます。よかったことや反省点などをまとめて、今後の災害ボランティア活動に生かすのです。

この会議は災害が起きていないときでも年に数回集まり、直接会って情報を共有しています。おかげで災害が起きた時にはすみやかに協力して動けます。

広島市災害ボランティア活動連絡調整会議では、よりよい活動のための話し合いが行われている。

災害ボランティアを増やす

広島市社会福祉協議会では、災害ボランティア養成講座を開いています。災害ボランティアに関心がある人たちが受講し、災害のときの経験談を聞いたり、災害ボランティアの役割や活動の心がまえを学んだりします。また、実際に活動で使う道具の使い方も習います。このようにして、災害ボランティアの仲間を増やす活動が行われています。

発電機の使い方を教えてもらう受講者たち。

広島市社会福祉協議会
ボランティア情報センター　所長
宮田明典さんのお話

≫ 身近なボランティア活動を

「平成30年7月豪雨」では、真夏のボランティア活動となり大変でしたが、受付で小学生がスポーツドリンクと冷たいおしぼりを配った地域があり、ボランティアの人々の緊張をほぐしていました。小学生がボランティアへメッセージを送って交流した地域もあります。

寄付をしたり被災地の特産品を買ったりすることで、復興を支援することもできます。災害ボランティア活動ができなくても、できることはあります。ぜひ自分にできることを考えてみてください。

人々を守る活動5

三入小学校

広島市立三入小学校は、山に囲まれた自然豊かな地域にあります。「平成26年8月豪雨」では学校周辺の地域が災害にあいました。その経験から、防災学習に特に力を入れて取り組んでいます。

自分たちでつくった土のうを協力して積み上げ、浸水を防ぐ体験をする6年生。

場所

広島市

三入小学校
安佐北区
佐伯区
安佐南区
落合小学校
(12ページ)
西区　東区　安芸区
中区　南区

🏫 避難所となった学校体育館

2014（平成26）年8月20日、三入小学校周辺は豪雨となり、午前4時ごろに体育館が避難所として開かれました。強い雨と落雷の影響か、学校の非常ベルが誤作動し、鳴りっぱなしでした。

避難所を開いてすぐにおよそ20人が避難してきました。夏休み期間で児童は学校にいませんでした。なんとか登校できた3人の先生が校内の点検をしました。クラス担任の先生は、児童の安否確認を行いました。

キーワード

平成26年8月豪雨

2014年7月30日から8月26日にかけて日本の広い範囲で大雨となり、広島県では大きな被害が発生した。広島市では8月20日に安佐北区、安佐南区を中心に土砂くずれが起き、家の中まで土砂が入る、家が流されるといった被害があり三入地区では2人が亡くなった。広島市の人々は「8.20（はちてんにいゼロ）」と呼んでいる。

🚨 大変だった 災害後の生活

避難所となった体育館には、家族といっしょに避難してきた児童もいました。土砂や浸水の被害を受けた児童の家では、家族みんなが心も体もとてもつかれているようすでした。自分の家や近所の泥かきや片付けを手伝う児童もいました。

数日後、校庭に自衛隊がお風呂を設置してくれました。久しぶりのお風呂に、人々はほっとしました。

三入小学校のある安佐北区の災害当時のようす。山の斜面がくずれ、川がはんらんして住宅が浸水している

🚨 8.20を 忘れないために

この豪雨災害を忘れないために、2017年8月、学校のすぐ横に「ぼうさい碑」が建てられました。碑の裏側には、三入小周辺の地図があり、被害の状況がくわしく記されています。土石流があったところ、河岸がくずれたところ、浸水があったところのほか、死者数や家がくずれた軒数、床上浸水した軒数なども刻まれています。建立後、6年生がぼうさい碑の掃除を始め、それが引き継がれて、三入小学校の朝の伝統になりつつあります。

ぼうさい碑の額の中には、未来への思いをこめた子どもたちの手書きメッセージが入っている。

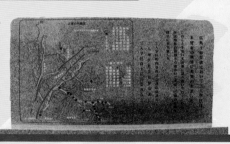

ぼうさい碑の裏側。被害状況を記した地図の横には、災害を後世に語りつぐ決意と温かい支援があったことが刻まれている。

🚨 地域とつながる防災

災害時、小学校の体育館は地域の人々の避難所となります。そのため体育館の横には広島市の防災備蓄倉庫が設置されています。

「平成26年8月豪雨」の後には、地域の自主防災会の防災士が、雨量計を校庭の倉庫の上に設置してくれました。雨量計を活用して、今どのくらい雨が降っているかを手元のパソコンで知ることができます。データの観測は設置した防災士と小学校の防災担当の先生が行っています。

使いやすいように体育館の出入り口のすぐ横に設置された防災備蓄倉庫。

地域の防災士が設置した雨量計。台風で一度こわれ、修理してもらった。

全校児童で行う 紙しばいづくり

　三入小学校の全学年で取り組んでいるのが「紙しばいづくり」です。まず地域の人が学校にやってきて、物語を児童に読み聞かせます。この物語は、地域に伝わる民話などに自然災害のこわさや防災の大切さなどを盛りこんだ、自主防災会の人たちのオリジナル作品です。

　児童は読み聞かせから思いうかんだシーンを絵に描きます。その絵の校内コンクールを開き、入賞作品をもとに紙しばい作家が紙しばいをつくります。完成した紙しばいを学習発表会で子どもたちがひろうし、保護者や地域の人たちにも見てもらいました。

地域の人がつくった物語を読み聞かせする。

防災の意識とふるさとへの思いがつまった紙しばいは、これまでに3冊の絵本になっている。

学年が上がると防災学習もレベルアップ

　学年ごとの防災学習もあります。1年生は身近なもので防災グッズを工作。2年生はまちを探検しながら避難所、避難場所を確認します。3年生は「災害から命を守る〜自分の命は自分で守る〜」と題して防災新聞を書いて発表しました。また、地域の人と雨量計づくりにも挑戦しています。4年生は「未来に残したいわたしたちの町。ふるさと探検隊!!」をテーマに地域の人の話を聞いたり、地域を歩いて土地の特徴を調べたりして、防災マップをつくりました。

3年生はペットボトルに雨水をためる雨量計をつくった。

4年生の防災マップづくりでは危険な場所を確認し、地図に書きこんでいく。

地域の人から災害のときのようすを聞く4年生。

5年生の降雨体験

プールサイドで大雨を体験。

5年生は夏に「降雨体験」をします。消防団が学校にやってきて、ポンプでプールの水をくみ上げて、大雨を降らせました。児童は水着に傘をもって体験します。災害が起きたときの雨量の半分ほどでしたが、それでも雨の強さと音の大きさにおどろきました。

傘をさしていても、となりの子に声が届かなかったので、びっくりしました。大雨の予報が出たら、土砂くずれや倒木、停電などから身を守るために、早く避難したり、近所の人に声をかけたりするように気をつけたいです。

三入小学校5年生　石原亘さん

校庭からプールサイドに向かって放水する消防団の人々。

6年生の土のうづくりと水防工作

6年生は「土のうづくり」をします。3人1組で土のうぶくろに土を入れ、つくった土のうを運びます。「水防工作訓練」では土のうの積み方を学び、土のうの壁に水を流します。6年生は自分のつくった土のうが実際に役立つことを知り、助けられる側から助ける側へと成長していきます。

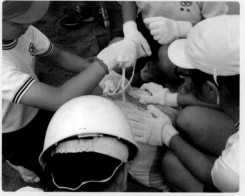
土のうづくりでは、ふくろの結び方が重要。

土のうは重くてひとりでは運べず、友だちと協力したら運ぶことができました。消防や地域の人のお話の中で、いちばん心に残ったのは「後世に災害の歴史、知識を語り継ぐことで、守られる命がある」という言葉です。

三入小学校6年生　岩田悠さん

自分たちの土のうの壁が水を防ぐと「すごい！」と声が上がった。

風水害に備える

風水害の発生は防げませんが、しっかりと備えることで、被害を小さくすることはできます。「自助」「共助」「公助」の役割を見てみましょう。

自助	自分の命は自分で守ること
共助	家族や学校、地域の人と力を合わせること「自分たちのまちは自分たちで守る」
公助	市区町村などの公的機関が災害への対策を立てたり、人々の活動を支援したりすること

ふだんからできる風水害への備え

自助

\ ハザードマップで危険な場所を確認 /

ハザードマップを見て、自分の家や学校がどんな風水害にあう危険があるかを確認する。避難所の位置や避難ルートを知っておく。

\ 気象情報を理解できるようになる /

気象情報で降水量や風速を聞いたら、どんな天気になるかを想像できるようにしておけば、身のまわりの安全確保や避難に役立つ。

共助

\ 地域の防災訓練に参加する / →12ページ

地域の防災訓練に参加し、防災に関する知識をもつ。また、近所の人たちと顔見知りになっておけば、災害時に助け合うことができる。

\ 過去に起きた風水害を学ぶ /

昔から地域に住んでいる人に話を聞いたり、水害碑を見たりして、過去に起きた風水害の情報をみんなで共有し、次の災害に備える。

公助

\ 風水害からまちを守る設備を整える /

川の岸をくずれないように整備したり、堤防をつくったり、電線を地下に埋めたりする工事を行い、災害による被害を小さくする。

\ ハザードマップを作成、配布する / →11ページ

市区町村は、風水害が起こりやすい場所、避難所の情報などがわかるハザードマップをつくり、住民に配布する。

風水害が起こったときにできること・行うこと

自助 ⟩ 早めに避難する ⟨

日が暮れた後や天候が悪化してから外に出るのは危険。気象情報や家のまわりの危険度から判断し、避難する場合は早めに行動する。

自助 ⟩ 正しい情報を得る ⟨

ラジオやテレビ、インターネットなどの災害情報を確認し、正しい情報を得る。防災無線など地域の災害情報を得る方法を知っておく。

自助 ⟩ 家で生活する ⟨

家が安全な場所であれば、無理に避難所に行く必要はない。備蓄してある食料などを活用して、天候が回復するまで家で過ごす。

共助 ⟩ 助けが必要な人を手伝う ⟨ →13ページ

まずは自分の安全を確保したうえで、まわりの状況を見て、助けが必要な人がいたら「何かできることはありますか」と声をかける。

共助 ⟩ 避難所の活動に参加する ⟨ →12ページ

家にいるのが危険なら、地域の避難所に行く。避難所では寝る場所をつくる、年下の子の相手をするなど、できることはすすんで行う。

公助 ⟩ 救助や復旧の活動をする ⟨ →18ページ

消防、警察、自衛隊などが人命救助にあたる。天候が回復した後は、公的機関と企業、ボランティアなどが協力して復旧作業をする。

公助 ⟩ 情報を発信する ⟨ →10ページ

市区町村は気象庁の予報や発表を確認し、風雨が起こる前から住民に情報を伝える。必要に応じて避難所の情報を伝える。

公助 ⟩ 共助の支援をする ⟨ →20ページ

市区町村は、避難所づくりや避難所の運営を手伝うボランティアの活動を支援する。企業による協力の受け入れも行う。

※「共助」を、医療、年金、介護など公的な制度によるものとし、ボランティアや住民同士の支え合いを「互助」と分けていう場合があります。

防災活動ワークシートの使い方

防災活動ワークシート

28 〜 29 ページの「ふだんからできる風水害への備え」「風水害が起きたときにできること・行うこと」のうち、できたことにはチェックを入れましょう。ほかにもできることや、やったことを空欄に書きこみましょう。

≫ふだんからできる風水害への備え

できたことに✓を入れましょう。

- [ ] 自助 ハザードマップで危険な場所を確認
- [ ] 自助 気象情報を理解できるようになる
- [ ] 共助 地域の防災訓練に参加する
- [ ] 共助 過去に起きた風水害を学ぶ

【自主防災会のあかつきさんに、昔あった風水害のときの話を聞いた】

- どしゃ降りと強い風が何時間も続いた。

- 小学校の横を流れる川が増水して、はんらんした。

- はんらんしたのは、川が大きくカーブしているところだった。

- 家の床下まで水が流れこんだところもあった。

- 雨が止み、道路の水が引いてから、自主防災会と消防団が協力してどろの片づけをした。

- 下流では橋の一部がこわれたところもあった。

---

28 ページの「ふだんからできる風水害への備え」を見て、できた項目にチェックを入れよう。

上の項目でしたことのまとめや、そのほかに「風水害への備え」のためにしたことを書いてみよう。

防災活動への取り組みを確認するために、裏表紙の裏側にある「防災活動ワークシート」を使ってみましょう。28〜29ページの「ふだんからできる風水害への備え」「風水害が起きたときにできること・行うこと」のうち、できたこと、理解できたことにチェックを入れましょう。ほかにもできることや、調べたことを空欄に書きこんでみましょう。

このQRコードを読み取ってWEBサイトに行くと、「防災活動ワークシート」がダウンロードできます。

https://www.kosaidoakatsuki.jp/archives/booktype/ehon-shop-library-school

記入日			学校名		名前	
	年	月	日		年	組

≫風水害が起こったときにできること・行うこと

学習して理解できたことに✓を入れましょう。

- ☐ 自助 早めに避難する
- ☐ 自助 正しい情報を得る
- ☐ 自助 家で生活する
- ☐ 共助 助けが必要な人を手伝う
- ☐ 共助 避難所の活動に参加する

【ほかにも風水害のときに、できることを調べた】

・浸水したときのことを考えて、できるだけ上の階に避難する。

・外を歩くときは、ヘルメットや頭巾で頭を守る。

・道路にたくさん水が流れているときは、長ぐつではなく運動ぐつで歩く。

・出入口に土のうを積む。

・地下にいるときは、できるだけ早く地上に出る。

記入した日と学校名、学年、クラス、名前を書こう。

29ページの「風水害が起こったときにできること・行うこと」を見て、学習して理解できた項目にチェックを入れよう。

ほかにも、風水害が起こったときに、できることを調べて書いてみよう。

マイ・タイムラインをつくろう

台風が近づいていたり、大雨が長引くとき、短時間の急激な豪雨が発生しそうなときなどに、余裕をもって逃げるために事前に考えておく避難行動の計画を「マイ・タイムライン」といいます。住んでいる地域のようすや自分の生活にあったマイ・タイムラインをつくりましょう。

1 ハザードマップを見る

まずは住んでいる地域のハザードマップを確認しましょう。ハザードマップには水害が起こった場合、浸水が予想される地域や避難先がまとめられています。

ポイント1 浸水深

川のはんらんなどで家に水が入ってくることを「浸水」といい、地面から水面までの高さを「浸水深」という。水害は、浸水深が深いほど、被害が大きくなることが多い。ハザードマップには、水害が起きた場合、地域ごとにどれくらいの浸水深が想定されるかが示されている。自分の家や学校のまわりでどれくらいの深さが想定されているか、調べよう。

ポイント2 避難先

水害のときに、安全な場所を避難先として決めておこう。家から避難先までの道のりもハザードマップで調べて、浸水の心配が少ない道を通って避難先まで行けるようにしよう。避難にどれくらいの時間がかかるのか、たしかめておこう。

浸水深	浸水程度の目安
0～30cm	床下浸水（大人のひざまでつかる）
0.5～1m	床上浸水（大人のこしまでつかる）
1～2m	1階の軒下まで浸水する
2～5m	2階の軒下まで浸水する
5m以上	3階の屋根以上が浸水する

2 状況の変化と行動を考える

水害が起きるときの天候や状況の変化と、そのとき自分が取るべき行動を書き出しましょう。

書き方例（台風の場合）

状況の変化

- 3日前 台風が発生
- 1日前 雨や風が強くなる
- 12時間前 川が増水
- 7時間前 川が増水して、河川敷に水があふれる
- 5～3時間前 川の水がまちへ流れこみそうになる
- 0時間 はんらん

自分が取るべき行動

- 台風の状況を調べる
- 住んでいるところと川の上流の雨量を調べる
- 川の水位を調べる
- 避難するときに持って行くものを準備する
- 避難しやすい服装に着がえる
- 安全な所への移動を始める
- 避難完了

3 マイ・タイムラインをつくる

台風が発生してから川の水がはんらんするまでの時間の流れと
自分の行動をまとめて、マイ・タイムラインを完成させましょう。

一般財団法人河川情
報センターのマイ・
タイムライン。

時間	状況の変化	自分の行動	行政からの情報
3日前	台風が発生	台風の情報を調べ始める 避難するときに持って行くものを準備する	台風に関する情報を発信「警戒レベル1」（災害への意識を高める）
1日前	雨や風が強くなる	住んでいるところと川の上流の雨量を調べる	大雨や洪水の注意報「警戒レベル2」（避難行動の確認）
12時間前	川の水が増える	川の水位を調べる	はんらん注意情報の発表「警戒レベル2」
7時間前	川の水が増えて、河川敷にあふれだす	避難しやすい服装に着がえる	
5〜3時間前	川の水が街へあふれそうになる	安全なところへ移動する	避難準備・高齢者等避難開始の発令「警戒レベル3」（高齢者など支援が必要な人は避難開始） はんらん危険情報の発表、避難勧告または避難指示が出る「警戒レベル4」（速やかに避難）
0時間	はんらん		はんらん発生情報「警戒レベル5」（命を守るための最善の行動をとる）

4 マイ・タイムラインを使う、見直す

マイ・タイムラインができたら、いつでも見えるところにはっておきましょう。気づいたことやできることがあらたに見つかったら、書きこんで、内容を見直していきましょう。

マイ・タイムラインの注意点

●自然の状況はマイ・タイムラインどおりに進行するとはかぎらないので、集めた情報をもとに臨機応変に行動する。
●マイ・タイムラインは一度つくったら終わりではなく、家族や先生、友だち、地域の人々と話したり、再確認をしたりしながら、見直しをする。

マイ・タイムラインをつくるのに役立つのが、河川情報センターのWEBサイトで入手できる「逃げキッド」という資料です。内容にそって、チェックシートや問いへの答えを書きこんでいくと、オリジナルのマイ・タイムラインをつくることができます。「逃げキッド」はこちらからダウンロードできます。

一般財団法人河川情報センター　http://www.river.or.jp/jigyo/my-timeline_download.html

さくいん

監修 片田敏孝（かただとしたか） 東京大学大学院情報学環特任教授　日本災害情報学会会長

内閣府中央防災会議「災害時の避難に関する専門調査会」委員

文部科学省「科学技術・学術審議会」専門委員

総務省消防庁「消防審議会」委員

国土交通省「水害ハザードマップ検討委員会」委員長

気象庁「気象業務の評価に関する懇談会」委員 などを歴任

主な著書

『人が死なない防災』（集英社新書）

『3.11 釜石からの教訓　命を守る教育』（PHP 研究所）

『子どもたちに「生き抜く力」を　〜釜石の事例に学ぶ津波防災教育〜』（フレーベル館）

『みんなを守るいのちの授業　〜大つなみと釜石の子どもたち〜』（NHK 出版）

企画・編集	オフィス 303（常松心平、中根会美）、石川実恵子
撮影	姫宮亜季
装丁・本文デザイン	倉科明敏（T. デザイン室）
執筆	姫宮亜季（p8-27）、石川実恵子（p32-33）
イラスト	山口正児
協力	広島市、落合学区自主防災会連合会、落合学区自治会・町内会連合会、広島市消防局、広島市消防団、広島市社会福祉協議会ボランティア情報センター、広島市立三入小学校、一般財団法人河川情報センター、国土交通省 関東地方整備局 下館河川事務所　　★掲載順、敬称略。

自然災害（しぜんさいがい）から人々（ひとびと）を守（まも）る活動（かつどう） 3　風水害（ふうすいがい）

2020 年 3 月 30 日　第 1 刷発行

監 修	片田敏孝
発行所	廣済堂あかつき株式会社
	〒 176-0021 東京都練馬区貫井 4-1-11
	TEL 03-3825-9188（代表）　FAX 03-3825-9187
	http://www.kosaidoakatsuki.jp/
印刷・製本	株式会社廣済堂

© Kosaido Akatsuki 2020 Printed in Japan　　NDC 369.3　36p　29×23cm　ISBN978-4-86702-025-8

防災活動ワークシート

風水害

28〜29ページの「ふだんからできる風水害への備え」「風水害が起きたときにできること・行うこと」のうち、できたことにはチェックを入れましょう。ほかにもできることや、やったことを空欄に書きこみましょう。

≫ふだんからできる風水害への備え

できたことに✓を入れましょう。

☐ **自助** ハザードマップで危険な場所を確認

☐ **自助** 気象情報を理解できるようになる

☐ **共助** 地域の防災訓練に参加する

☐ **共助** 過去に起きた風水害を学ぶ